LLYFR
Y BEIBL

Ond ydy hi'n gwybod fod yr atebion ar ddiwedd y llyfr?

Cyhoeddwyd gan Wasg Gomer 1988

ISBN 0 86383 496 5

Cyhoeddwyd dan gynllun comisiynu'r Cyngor Llyfrau Cymraeg.

Dymuna'r cyhoeddwyr gydnabod cymorth a chyfarwyddyd Adrannau'r
Cyngor Llyfrau Cymraeg a noddir gan Gyngor Celfyddydau Cymru.

Argraffwyd gan J. D. Lewis a'i Feibion Cyf., Gwasg Gomer,
Llandysul, Dyfed.

LLYFR CWIS Y BEIBL

Y BALA

SIÂN LEWIS

Arlunydd: Lin Jenkins

GOMER

AR Y FFORDD

Rhowch ddarnau'r arwyddbost wrth ei gilydd i wneud enwau trefi.

BETHL
NASA
JERW
BE
BETHS
BETHFF
JERI
NA
CES
CAP

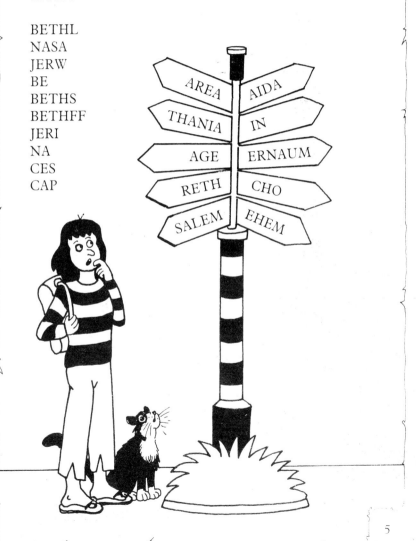

YN Y STABL

Gorffennwch waliau a tho'r stabl drwy roi'r atebion yn y blychau.

Llythyren olaf un gair fydd llythyren gyntaf y gair nesaf.

1 Cysgai'r baban Iesu yn hwn.
  Dyn sy'n gofalu am y defaid.

2 Enw'r dref lle ganed Iesu.
  Mam Iesu.

3 'Ble mae'r hwn a anwyd i fod yn ------ yr Iddewon?'
  Cartref Mair a Joseff.

ANIFEILIAID

Rhowch y dynion a'r anifeiliaid mewn parau.

Pedr
Daniel
Jona
Balaam
Elias
Moses
Noa
Samson

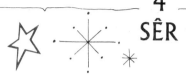

4
SÊR

Rhowch atebion y cwestiynau yn y blychau. Mae dau ateb yn dechrau â'r llythyren sy yng nghanol y pos a'r ddau arall yn gorffen â hi.

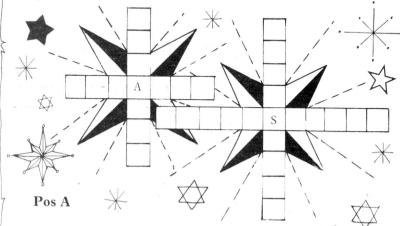

Pos A

- Daeth hwn â newyddion da i'r bugeiliaid.
- Ffodd Mair a Joseff a Iesu i'r wlad hon.
- 'Clywyd llef yn ----,
  Wylofain, galar a gofid mawr.'
- 'A thithau, Bethlehem, yng ngwlad ----.'

Pos S

- 'Heddiw ganed i chwi Waredwr yn ----- Dafydd.'
- 'Ar y ddaear bydded heddwch i ddynion o ------ da.'
- Safodd hon uwchben y stabl.
- Enw'r gŵr duwiol a gymerodd y baban Iesu yn y deml.

(Cewch atebion y pos hwn ar dudalennau 357-365, *Beibl y Plant*.)

NODYN: Cofiwch mai un llythyren yw ff, ng, ll.

Y LLAIS

Beth mae'r llais o'r nefoedd yn ei ddweud? Rhowch lythrennau yn lle rhifau fel hyn: A = 1, B = 2, C = 3 ac yn y blaen.

A	B	C	CH	D	DD	E	F	FF	G	NG	H	I
1	2	3	4	5	6	7	8	9	10	11	12	13

L	LL	M	N	O	P	PH	R	RH	S	T	TH	U	W	Y
14	15	16	17	18	19	20	21	22	23	24	25	26	27	28

| 24 | 13 | ■ | 28 | 27 | ■ | 8 | 28 | ■ | 16 | 1 | 2 |

| 28 | 21 | ■ | 1 | 17 | 27 | 28 | 14 | 28 | 5 |

| 28 | 17 | 18 | 24 | ■ | 24 | 13 | ■ | 28 | 21 | ■ | 27 | 28 | 8 |

| 28 | 17 | ■ | 28 | 16 | 12 | 28 | 8 | 21 | 28 | 5 | 26 |

6
PLANT Y BEIBL

1 'Gadewch i'r ----- ddod ataf fi a pheidiwch â'u rhwystro.' Pa air sy'n eisiau?

2 Beth oedd enw'r babi a anwyd i Abraham a Sara?

3 Pa fabi a guddiwyd mewn cawell ar afon?

4 Pa fachgen a daflwyd i bydew gan ei frodyr?

5 Pa fachgen fu'n helpu Eli yn y deml?

6 Beth oedd enw mab cloff Jonathan?

7 Pwy oedd yn fab i Elisabeth a Sachareias ac yn gefnder i Iesu?

8 Faint oedd oed y plant a laddwyd gan Herod?

9 Pan oedd Iesu'n ddeuddeg oed, fe gollodd ei rieni ef yn Jerwsalem. Ble cawson nhw hyd iddo?

10 Beth oedd e'n ei wneud yno?

7

YN YR ANIALWCH

Ar ôl bod heb fwyd am bedwar deg o ddyddiau a phedwar deg o nosweithiau, fe gafodd Iesu ei demtio dair gwaith gan y Diafol. Ar y chwith fe welwch chi'r tri themtiad. Tynnwch linell o bob un at lun sy'n cyfateb iddo ac at yr ateb a roddwyd gan Iesu.

1

Os mab Duw wyt ti, dywed wrth y cerrig hyn am droi'n fara.

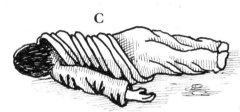

2

Os mab Duw wyt ti, bwrw dy hun i lawr.

3

Y rhain i gyd a roddaf i ti, os syrthi i lawr a'm haddoli i.

Paid â gosod yr Arglwydd dy Dduw ar ei brawf.

Yr Arglwydd dy Dduw a addoli, ac ef yn unig a wasanaethi.

Nid ar fara yn unig y bydd dyn fyw, ond ar bob gair sy'n dod allan o enau Duw.

Y DISGYBLION

Dyma enwau'r deuddeg Disgybl: Pedr, Iago, Ioan, Andreas, Philip, Bartholomeus, Mathew, Thomas, Iago fab Alffeus, Thadeus, Simon, Jwdas. Chwiliwch amdanyn nhw yn y sgwâr. Rhaid darllen ar draws, i fyny ac i lawr, o gornel i gornel a hefyd o chwith.

C	S	T	E	O	P	A	Th	N	O	M	I	S
M	I	B	C	E	S	A	N	D	R	E	A	S
R	C	U	A	U	M	E	Ph	D	Ff	I	G	O
A	N	Th	G	R	A	I	A	F	T	C	O	S
W	S	Ff	H	W	Th	A	D	E	U	S	N	R
Y	A	O	S	N	E	O	A	B	F	E	L	J
P	E	D	R	F	W	R	L	W	E	N	G	W
I	R	N	T	O	N	M	C	O	J	S	B	D
L	S	P	Th	A	P	A	I	R	M	A	J	A
I	A	G	O	F	A	B	A	L	Ff	E	U	S
Ph	W	I	M	R	S	Ph	G	T	Y	W	U	T
M	A	L	A	Ph	R	F	T	D	M	O	R	S
D	T	G	S	M	C	N	Y	B	U	T	F	W

Cysylltwch yr enwau ar y chwith â'r enwau ar y dde i wneud parau o frodyr.

Pedr

Andreas

Iago

Jacob

Aaron

Benjamin

Moses

Cain

Ioan

Abel

Joseff

Effraim

Esau

Manasse

13

AR Y MAP

1. Defnyddiwch linell goch i gysylltu ar y map ddau le sy'n dynodi dechrau a diwedd taith Mair a Joseff cyn geni Iesu.

2. Defnyddiwch linell ddu i gysylltu ar y map ddau le sy'n dynodi dechrau a diwedd y ffordd lle y darganfu'r Samariad y teithiwr a gafodd ei guro gan ladron.

3. Lliwiwch yn las yr afon lle cafodd Iesu ei fedyddio.

4. Tanlinellwch yn goch enw'r ddinas lle safai'r Deml.

5. Tanlinellwch yn las enw'r dref lle bu Iesu mewn priodas.

6. Tanlinellwch yn ddu gartref Mair, Martha a Lasarus, ffrindiau Iesu.

7. Tanlinellwch yn wyrdd enw'r dref lle y cyfarfu Sacheus Iesu.

8. Rhowch gylch coch am enw'r dref lle iachaodd Iesu unig fab y wraig weddw.

9. Rhowch gylch gwyrdd am y dref lle'r oedd cartref Pedr ac Andreas.

10. Lliwiwch yn las y môr lle y gostegodd Iesu y storm.

Gasa

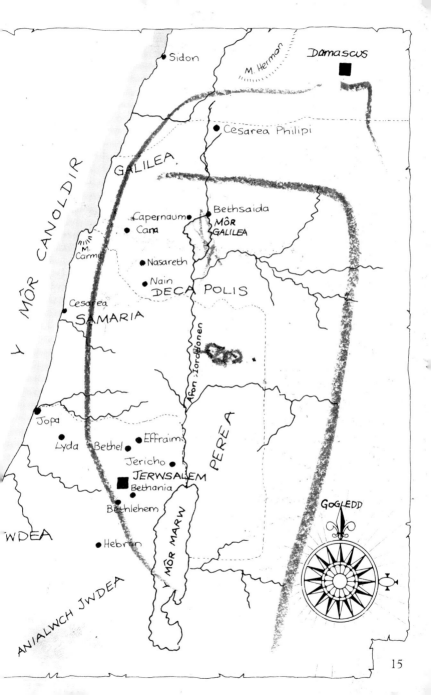

SWYDDI

Cysylltwch enwau'r bobl hyn â'u swyddi.

Andreas	Brenin
Luc	Casglwr trethi
Paul	Pysgotwr
Mathew	Canwriad
Cornelius	Gwerthwr porffor
Pontius Pilat	Meddyg
Herod	Gwneuthurwr pebyll
Lydia	Rhaglaw

SYMIAU

Rhowch rif yn ateb i bob cwestiwn, yna gwnewch y sym.

1 Sawl Disgybl oedd gan Iesu?
2 Sawl torth gafodd Iesu i fwydo'r pum mil?
3 Am sawl diwrnod y bu Iesu yn yr anialwch?
4 'Ni all neb wasanaethu --- feistr.'

Cyfanswm: _____

5 Sawl anrheg gafodd Iesu gan y sêr-ddewiniaid?
6 Sawl pysgodyn gafodd Iesu i fwydo'r pum mil?
7 Ar sawl math o dir y syrthiodd hadau'r heuwr?
8 Sawl brawd oedd gan y mab afradlon?

Cyfanswm: _____

9 Sawl darn o arian gafodd Jwdas am fradychu Iesu?
10 Sawl morwyn *ffôl* oedd yn y ddameg?
11 Faint oedd oed merch Jairus?
12 Sawl gwaith y gwadodd Pedr Iesu?

Cyfanswm: _____

13
AM Y CYNTAF

Beth am chwarae'r gêm hon mewn timau? Mae pob ateb yn werth 5 pwynt. Tri phwynt yw ei werth ar yr ail gynnig ac ar ôl yr ail gliw, ac un pwynt yw ei werth ar ôl y trydydd cliw.

1 Enw hwn oedd 'y disgybl annwyl'.
Roedd yn fab i Sebedeus.
Iago oedd enw ei frawd.

✓	pwyntiau
	5
	3
	1

2 Casglwr trethi yn Jericho oedd hwn.
Roedd yn ddyn byr iawn.
Dringodd goeden i weld Iesu.

	5
	3
	1

3 Bu hwn yn bwyta bwyd moch.
Gwastraffodd lawer o arian.
Cafodd groeso mawr gan ei dad.

	5
	3
	1

4 Ystyr ei enw yw 'craig'.
Fe'i hachubwyd o garchar gan angel.
Roedd yn frawd i Andreas.

	5
	3
	1

✓	pwyntiau
	5
	3
	1

5 Torrwyd pen hwn gan Herod.
Fe baratôdd y ffordd i Iesu.
Bedyddiwyd Iesu ganddo.

	pwyntiau
	5
	3
	1

6 Eneiniodd hon draed Iesu â nard pur.
Roedd hi'n byw ym Methania.
Enw ei chwaer oedd Martha.

	5
	3
	1

7 Hwn oedd y cyntaf i adael y Swper Olaf.
Rhoddodd gusan i Iesu yng Ngethsemane.
Fe fradychodd Iesu.

	5
	3
	1

8 Golchodd hwn ei ddwylo.
Roedd yn rhaglaw Rhufeinig.
Fe draddododd Iesu i'w groeshoelio.

❋5❋3❋1❋5❋3❋1

14
YR HEUWR

Yn Nameg yr Heuwr fe syrthiodd yr hadau ar bedwar math o dir. Tynnwch eu lluniau yn y blychau a dangoswch beth ddigwyddodd i'r hadau.

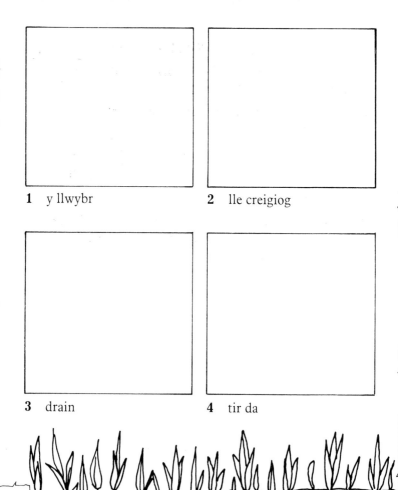

1 y llwybr

2 lle creigiog

3 drain

4 tir da

15
PWY?

1 Pwy oedd y ferch *hapus* a glywodd gan angel y câi hi faban sanctaidd?

2 Pwy oedd y dyn *trugarog* a helpodd y teithiwr?

3 Pwy oedd y disgybl *cyntaf* a alwyd gan Iesu?

4 Pwy oedd y wraig *drafferthus*, ffrind i Iesu?

5 Pwy oedd y bobl *ragrithiol* a feirniadodd y disgyblion am beidio â golchi eu dwylo?

6 Pwy oedd y gŵr *duwiol* a gymerodd y baban Iesu i'w freichiau yn y Deml?

7 Pwy oedd y brenin *creulon* a laddodd Ioan Fedyddiwr?

8 Pwy oedd y *llofrudd* a ollyngwyd yn rhydd gan Pilat?

9 Pwy oedd y dyn *cyfoethog* a roddodd fedd i gorff Iesu?

10 Pwy oedd y disgybl *amheus* a wrthododd gredu fod Iesu wedi atgyfodi nes iddo weld ôl yr hoelion yn ei ddwylo â'i lygaid ei hun?

16
GWYN EU BYD

Dyma'r cyntaf o'r Gwynfydau:
Gwyn eu byd y rhai sy'n dlodion yn yr ysbryd, oherwydd eiddynt hwy yw teyrnas nefoedd.

Nawr gorffennwch y rhai sy'n dilyn. Mae hanner cyntaf pob un ar y chwith a'r hanner arall ar y dde. Ond maen nhw wedi eu cymysgu! Fedrwch chi eu rhoi wrth ei gilydd yn gywir?

Gwyn eu byd:	Oherwydd:
y rhai sy'n galaru	cânt hwy dderbyn trugaredd
y rhai addfwyn	cânt hwy weld Duw
y rhai sy'n newynu a sychedu am gyfiawnder	cânt hwy eu cysuro
y rhai trugarog	eiddynt hwy yw teyrnas nefoedd
y rhai pur eu calon	cânt hwy eu galw'n feibion Duw
y tangnefeddwyr	cânt hwy etifeddu'r ddaear
y rhai a erlidiwyd yn achos cyfiawnder	cânt hwy eu digon

17
BWYD

Pwy fwytaodd y bwydydd hyn? Dewiswch o'r rhestr hon:
Paul, Iesu a'r Disgyblion, Herod, Ioan Fedyddiwr, Lasarus,
Y Pum Mil, Meibion Sebedeus, Y Mab Colledig, Martha,
Iesu a'r Disgyblion, Mair Magdalen, Cesar.

18
CYNGOR

Sgrifennwch y geiriau coll yn y grid uchaf. Ar ddiwedd pob adnod mae enw'r llyfr lle mae'n ymddangos yn y Beibl, rhif y bennod a rhif yr adnod e.e.

Mathew	5	:	6
Llyfr	Pennod		Adnod

Mae adnodau A—C yn yr Hen Destament ac adnodau Ch—Ff yn y Testament Newydd. Chwiliwch am yr atebion yno.

Ar ôl llanw'r grid trosglwyddwch bob llythyren i'r blwch cyfatebol ar waelod y dudalen. Gwnaed hyn eisoes â'r cwestiwn cyntaf, i chi gael gweld sut mae'n gweithio. Yn y grid ar waelod y dudalen gwelwch gyngor Iesu Grist i'w ddisgyblion. Daw'r dyfyniadau o gyfieithiad newydd y Beibl (1988).

Cofiwch mai un llythyren yw ch, dd, rh.

A Cododd Samuel a mynd at --- a dweud, 'Dyma fi, 'roeddit yn fy ngalw.' (I Samuel 3:6)

B Dywedodd Jesse wrth ei fab, Dafydd, 'Cymer effa o'r ---- ŷd yma i'th frodyr.' (I Samuel 17:17)

C Ar y diwrnod hwn y crewyd dyn.
'Gwelodd Duw y cwbl a wnaeth, ac yr oedd yn dda iawn. A bu hwyr a bu bore, - ------ dydd.' (Genesis 1:31)

Ch 'Pa beth bynnag y dymunwch - ------ ei wneud i chwi, gwnewch chwithau felly iddynt hwy.' (Mathew 7:12)

D   'A'r hwn sy'n -------, deued ymlaen, a'r hwn sydd yn ei ddymuno, derbynied ddŵr y bywyd yn rhad.' (Datguddiad 22:17)

Dd   'Yr oedd ganddi hi [Martha] ----- a elwid Mair.' (Luc 10:39)

E   'Peidiwch â ----'- hyn sy'n sanctaidd i'r cŵn.' (Mathew 7:6)

F   'Y mae ef yn peri i'w haul godi ar y drwg a'r da ac yn rhoi ---- i'r cyfiawn a'r anghyfiawn.' (Mathew 5:45)

Ff   'A gelwir ef Imanuel, hynny yw, o'i gyfieithu: ''Y mae Duw gyda --''.' (Mathew 1:23)

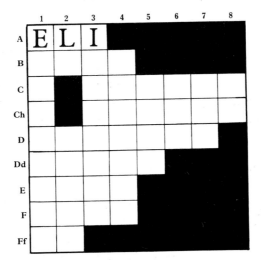

	1	2	3	4	5	6	7	8
A	E	L	I					

B1	Dd3	E4	F4	C6		A1 E	D6	Dd1		F1	D4	A2 L	C1	Ch5	Ff2	E2	Ch8
B3		D7	Dd2	C5	Ch3	A3 I	C4	D3		D5	B2	Ch7	D1		D2		
E1	F3	Ch1		B4	Ch4	Ff1		Dd4	Ch6	C3		C7	Dd5	F2	E3	C8	

19
Y MEDDYG DA

1 Pwy a ollyngwyd i lawr drwy'r to gan ei ffrindiau?

2 Pwy a ddywedodd wrth Iesu, 'Os mynni, gelli fy nglanhau.'?

3 Pwy a wellawyd wrth gyffwrdd â dillad Iesu?

4 Wrth ferch Jairus dywedodd Iesu, 'Talitha cŵm.' Beth oedd ystyr y geiriau?

5 Pan iachaodd Iesu'r deg gŵr gwahanglwyfus, faint ohonynt a ddaeth yn ôl i ddiolch iddo?

6 Pwy fethodd y Disgyblion â'i iacháu ond a iachawyd gan Iesu?

7 Iachawyd mam-yng-nghyfraith un o'r Disgyblion gan Iesu. Pwy oedd y Disgybl hwnnw?

8 Enwch rywun a iachawyd gan Iesu ar y Saboth.

9 Am bwy y dywedodd Iesu, 'Yn wir, rwy'n dweud wrthych, ni chefais gan neb yn Israel ffydd mor fawr.'?

10 Pa ffrind i Iesu a gafodd ei atgyfodi ganddo?

SGÔR

Rhowch ✔ ym mlwch A neu B wrth bob cwestiwn. Yna trowch i'r cefn i weld a ydych yn gywir ai peidio. Sgoriwch ddau bwynt am bob ateb cywir.

	A	B

1   Pwy a ddywedodd wrth Iesu, 'Ti yw'r Meseia, mab y Duw byw.'?
    A Pedr   **B** Ioan Fedyddiwr
2   Ble'r oedd Iesu'n sefyll wrth adrodd Dameg yr Heuwr?
    A mewn cwch   **B** yn y synagog
3   Beth oedd enw tad Iago ac Ioan?
    A Jona   **B** Sebedeus
4   Yn Nameg y Dyn Cyfoethog a'r Cardotyn, beth oedd enw'r cardotyn?
    A Silas   **B** Lasarus
5   Pan weddnewidiwyd Iesu ar y mynydd, pwy a ymddangosodd gydag ef?
    A yr angel Gabriel   **B** Moses ac Elias
6   Pwy a ofynnodd am ben Ioan Fedyddiwr?
    A merch Herodias   **B** Pilat
7   Pwy a gerddodd dros y tonnau at Iesu?
    A Mathew   **B** Pedr
8   Llun pwy oedd ar y darn arian a ddangosodd y Phariseaid i Iesu?
    A Herod   **B** Cesar

Sgôr

Trowch i'r Atebion am ddedfryd ar gyfans' eich sgôr.

21
BLE?

Rhowch atebion y cwestiynau yn y bocsys ac fe welwch enw rhanbarth o Balesteina, gwlad Iesu Grist, yn y golofn â seren uwch ei phen.

1						
2						
3						
4						
5						
6						
7						

1 'Gadewch i'r plant ddod ataf fi a pheidiwch â'u -------.' Beth yw'r gair coll?
2 Enw'r dref lle y cafodd Iesu ei fagu.
3 Taenwyd canghennau'r coed hyn o flaen Iesu wrth iddo fynd i Jerwsalem.
4 Brawd Mair a Martha a atgyfodwyd gan Iesu.
5 Enw'r angel a ddaeth â newydd da i Mair.
6 Enw arall ar Fôr Tiberias yw Môr -------.
7 Gorffennwch enw'r pentref: ------- Philipi.

AR DDAMEG

Cysylltwch y dotiau. Pa ddameg mae'r llun yn ei awgrymu i chi?

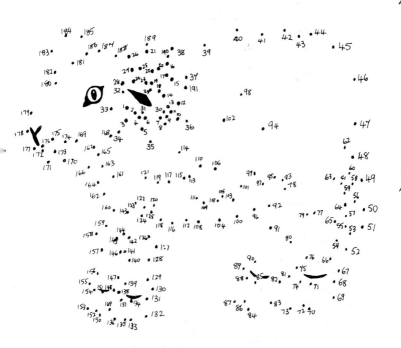

Y MAB COLLEDIG

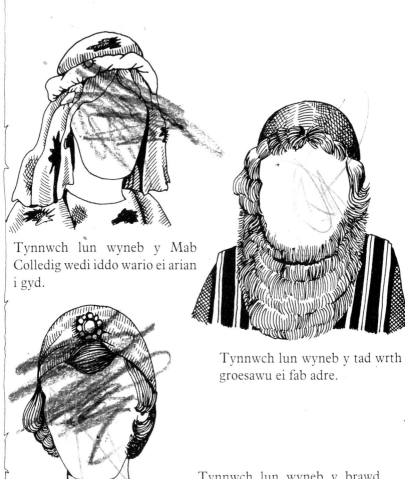

Tynnwch lun wyneb y Mab Colledig wedi iddo wario ei arian i gyd.

Tynnwch lun wyneb y tad wrth groesawu ei fab adre.

Tynnwch lun wyneb y brawd hŷn pan glywodd fod ei dad yn paratoi gwledd i'r Mab Colledig.

GEIRIAU COLL

Rhowch y geiriau hyn yn ôl yn
yr adnodau:

arian, dyn cyfoethog, ceiliog, nef,

flaenaf, ffydd, goleuni, plentyn,

proffwyd, Saboth.

1 'Chwi yw -------'r byd.'

2 'Yn wir, 'rwy'n dweud wrthych, pwy bynnag nad yw'n
derbyn teyrnas Dduw yn null -------, nid â byth i mewn
iddi.'

3 'Y mae Mab y Dyn yn arglwydd ar y -----.'

4 'Casglwch ichwi drysorau yn y ---, lle nad yw gwyfyn na
rhwd yn difa.'

5 'Ni allwch wasanaethu Duw ac -----.'

6 'Nid yw ------- heb anrhydedd ond yn ei fro ei hun ac yn ei
gartref.'

7 'Yn wir, 'rwy'n dweud wrthych mai anodd fydd hi i'r ---
-------- fynd i mewn i deyrnas nefoedd.'

8 'Fy merch, dy --- sydd wedi dy iacháu di.'

9 'Cyn i'r ------- ganu heddiw, fe'm gwedi i deirgwaith.'

10 'Pwy bynnag sydd am fod yn -------, rhaid iddo fod yn
olaf o bawb ac yn was i bawb.'

25
TRI CHYNNIG

Mae tri ateb i bob un o'r cwestiynau hyn. P'un sy'n iawn?

1 Beth, yn ôl Iesu, sy'n harddach na'r Brenin Solomon yn ei holl ogoniant?
    a lili'r maes   **b** adar y nefoedd   **c** plentyn bach

2 Pa goeden a grinodd o flaen Iesu?
    a olewydden   **b** palmwydden   **c** ffigysbren

3 'Y mae teyrnas nefoedd yn debyg i hedyn ----.' Pa air sy'n eisiau?
    a ŷd   **b** mwstard   **c** blodau

4 Beth oedd y Sanhedrin?
    a eglwys fawr   **b** marchnad   **c** llys barn

5 Beth yw ystyr y gair *rabbi*?
    a ffrind   **b** athro   **c** brawd

6 Pwy a ofynnodd i Iesu, 'Athro da, beth a wnaf i etifeddu bywyd tragwyddol?'
    a Iago   **b** canwriad   **c** llywodraethwr cyfoethog

7 Pwy a weddïodd fel hyn: 'O Dduw, yr wyf yn diolch i ti am nad wyf fi fel pawb arall.'?
    a Pharisead   **b** casglwr trethi   **c** Jwdas

8 Pwy a feirniadodd Iesu am iacháu dyn â llaw ddiffrwyth ar y Saboth?
    a y Disgyblion   **b** y Phariseaid a'r Ysgrifenyddion
    c Martha

9 Pwy yw'r dyn 'nad yw'n mynd i mewn trwy'r drws i gorlan y defaid'?
    a Rhufeiniwr   **b** lleidr ac ysbeiliwr   **c** dyn dall

10 Tua pa oed oedd Iesu ar ddechrau ei weinidogaeth?
    a 42   **b** 24   **c** 30

PWY BIAU?

Â phwy y cysylltir y pethau yn y lluniau? Dewiswch o'r rhestr hon:
Joseff, Pedr ac Andreas ac Iago ac Ioan, Herod, Jwdas, y Gŵr Gwahanglwyfus, Ioan Fedyddiwr, Y Sêr-ddewiniaid, Yr Heuwr, Mair Magdalen, Y Goruchwyliwr Anonest

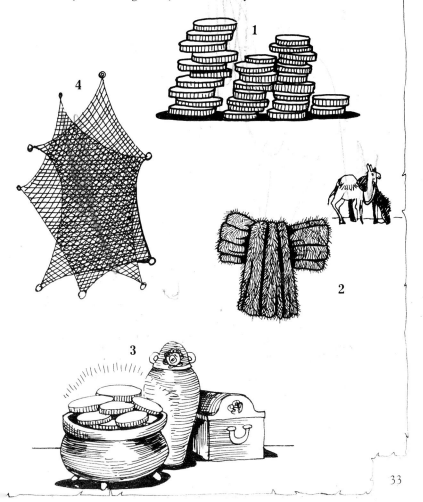

DAMHEGION

Mae pob un ond un o'r lluniau hyn yn ein hatgoffa o ddamhegion Iesu. Pa un yw'r llun nad yw'n perthyn?

I MEWN I JERWSALEM

1 Ar gefn pa fath o anifail yr aeth Iesu i mewn i Jerwsalem?

2 Beth, heblaw palmwydd, a daenodd y dyrfa ar y ffordd o'i flaen?

3 Pwy a fwriwyd allan o'r Deml gan Iesu?

4 Faint o arian a roddodd y weddw dlawd yng nghist y drysorfa?

5 Gorffennwch enw'r ŵyl: Gŵyl y Bara -----.

6 Ym mha fath o ystafell y bwytaodd Iesu a'i Ddisgyblion y Swper Olaf?

7 Gorffennwch eiriau Iesu wrth fwyta bara, 'Cymerwch, bwytewch, hwn yw fy -----.'

8 Gorffennwch eiriau Iesu wrth gymryd y cwpan gwin, 'Yfwch ohono, bawb, oherwydd hwn yw fy ----- i.'

9 Pwy a dalodd Jwdas am fradychu Iesu?

10 Pwy, yn ôl Iesu, a fyddai'n ei wadu deirgwaith?

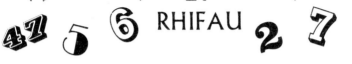

RHIFAU

Rhowch rif yn ateb i bob cwestiwn. Mae'r cwestiynau'n seiliedig ar ddamhegion.

1 Yn Nameg y Ddafad Golledig, faint o ddefaid oedd gan y bugail?
2 'Yr oedd dyn a chanddo --- fab.'
3 Yn Nameg y Codau Arian fe gafodd y gwas cyntaf bum cod gan ei feistr. Dwy god gafodd yr ail. Faint gafodd y trydydd?
4 Faint o'r gwahoddedigion a ddaeth i wledd briodas y brenin?
5 Sawl cod o arian oedd ar y gwas anfaddeugar i'w feistr?
6 Sawl dyn a anwybyddodd y teithiwr clwyfedig?
7 Pan aeth yr Heuwr allan i hau, ar sawl math o dir y syrthiodd yr had?
8 Cwynai'r Meistr yn Nameg y Ffigysbren Diffrwyth nad oedd y goeden wedi dwyn ffrwyth ers blynyddoedd. Sawl blwyddyn yn union?

PWY A WNAETH HYN?

31
YR ATHRO

Ewch ati i ddatrys y problemau drwy gofio geiriau Iesu wrth ei Ddisgyblion.

1 Beth ddylai'r bachgen ei wneud nesaf?
2 Pa gamgymeriad a wnaeth y dyn hwn?
3 Beth sydd o'i le ar y ffordd y mae'r wraig yn rhoi elusen?
4 Pa ddrws y dylen ni fynd drwyddo a pham?
5 Pa wers y mae'r adar a'r lili yn ei dysgu i ni?
6 Pa gamgymeriad y mae'r ferch yn ei wneud?

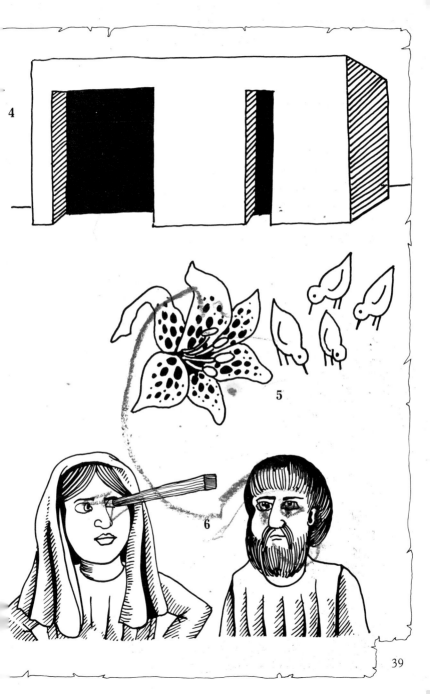

4

5

6

39

MYFI YW

Dyma sut y mae Iesu Grist yn ei ddisgrifio ei hun yn Efengyl Ioan. Allwch chi orffen pob disgrifiad gyda help y lluniau?

1 'Myfi yw ----'r bywyd.'

2 'Myfi yw -------'r byd.'

3 'Myfi yw ---- y defaid.'

4 'Myfi yw'r ------ da.'

5 'Myfi yw'r --- a'r gwirionedd a'r bywyd.'

6 'Myfi yw'r wir --------.'

33
Y PASG CYNTAF

1 Ble'r arestiwyd Iesu gan y milwyr?

2 Beth a wnaeth Pedr i was yr archoffeiriad?

3 Pam y golchodd Pilat, y rhaglaw, ei ddwylo o flaen y dorf a oedd am groeshoelio Iesu?

4 Pa ddillad a roddwyd i Iesu gan y milwyr er mwyn gwneud hwyl am ei ben?

5 Beth oedd enw'r man lle y croeshoeliwyd Iesu?

6 Sawl dyn a gafodd ei groeshoelio yno yr un pryd â Iesu?

7 Gofynnodd Iesu i un o'r Disgyblion ofalu am ei fam. Pa Ddisgybl oedd hwnnw?

8 Beth oedd y geiriau gwatwarus ar groes Iesu?

9 Pan oedd Iesu ar y groes, disgynnodd tywyllwch dros yr holl wlad. Am faint o amser?

10 Ar ba ddiwrnod y cofiwn ni am y croeshoeliad?

DYDD GWENER Y GROGLITH

Sut olwg oedd ar y milwyr ac ar y Disgyblion ar Ddydd Gwener y Groglith? Rhowch wynebau iddyn nhw.

DYDD SUL Y PASG

Nawr rhowch wynebau iddyn nhw ar Sul y Pasg. Sut maen nhw wedi newid?

YR ATGYFODIAD

1   Pwy oedd yn gwarchod bedd Iesu?

2   Pwy a dreiglodd y garreg o'r bedd?

3   Pwy oedd y cyntaf i weld Iesu ar ôl iddo atgyfodi?

4   Ar eu ffordd i ba bentref yr oedd y ddau Ddisgybl a welodd Iesu?

5   Pryd a sut yr adnabuon nhw Iesu?

6   Pa un o'r un Disgybl ar ddeg oedd yn absennol pan ymddangosodd Iesu iddynt yn Jerwsalem?

7   Beth a ddywedodd Thomas pan sylweddolodd mai Iesu ei hun oedd yn sefyll o'i flaen?

8   Sut yr helpodd Iesu'r Disgyblion ar Fôr Tiberias?

9   Wrth bwy y dywedodd Iesu, 'Bugeilia fy nefaid.'?

10 Am sawl diwrnod wedi iddo atgyfodi yr ymddangosodd Iesu i'r Disgyblion?

37
NEGES

Beth oedd neges Iesu Grist i'w Ddisgyblion? Rhowch lythrennau yn lle'r arwyddion fel hyn:

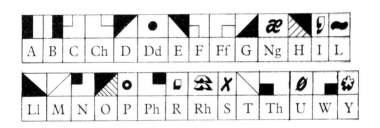

A	B	C	Ch	D	Dd	E	F	Ff	G	Ng	H	I	L

Ll	M	N	O	P	Ph	R	Rh	S	T	Th	U	W	Y

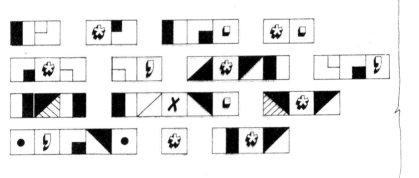

HEL ATGOFION

Fedrwch chi gofio pwy yw'r bobl hyn? Rydych chi wedi cwrdd â nhw eisoes yn y llyfr hwn.

TUAG YN ÔL

Rhowch ddarnau'r arwyddbost wrth ei gilydd i gwblhau enwau o'r Hen Destament.

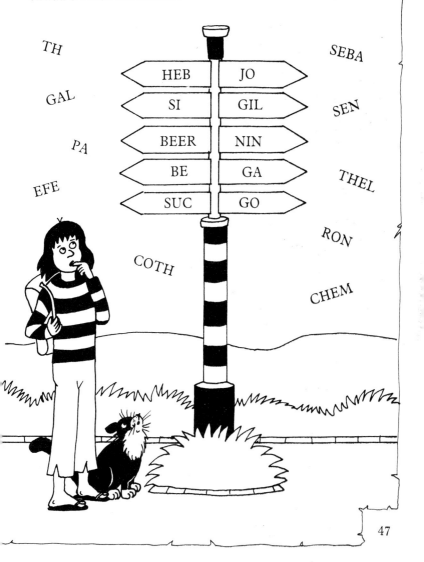

Y GREADIGAETH

Creodd Duw y byd mewn chwe diwrnod gan orffwys ar y seithfed. Rhowch y lluniau yn eu trefn o'r cyntaf i'r chweched.

PARAU

Cysylltwch y bobl ar y chwith â'r bobl ar y dde i wneud wyth pâr.

Dafydd	Delila
Ruth	Efa
Abraham	Eli
Samson	Eliseus
Elias	Jesebel
Adda	Jonathan
Samuel	Lot
Ahab	Naomi

TYWYDD

1 Pa arwydd o gyfamod a roddodd Duw i Noa?

2 Pwy a daflwyd i'r môr gan forwyr er mwyn gostegu storm?

3 Sawl blwyddyn o newyn fu yng ngwlad yr Aifft yn amser Joseff?

4 'Ar fore'r trydydd dydd, daeth taranau a mellt a chwmwl tew ar y mynydd.' Pa fynydd oedd hwnnw?

5 Beth oedd ar fin digwydd yno?

6 Pa un o arweinwyr yr Israeliaid a orchmynnodd fel hyn, 'Haul, aros yn llonydd yn Gibeon; a thithau, leuad, yn nyffryn Ajalon.'?

7 Am sawl diwrnod y disgynnodd glaw y dilyw yn amser Noa?

8 Beth a ddinistriodd y tŷ lle'r oedd meibion a merched Job yn bwyta?

9 Pa fath o gawodydd a anfonwyd fel pla ar yr Eifftiaid?

10 Beth a wasgodd Gideon allan o'r cnu ar y llawr dyrnu?

43
PICNIC

Dewch am bicnic. Dyma beth sy yn y fasged:

Tair   (Ioan 6: 13)

Pecyn o   (Eseia 7: 15)

Darn o   (Genesis 9: 4)

Un   (I Samuel 17: 18)

Pot o   (Barnwyr 14: 8)

Un   (Eseia 1: 8)

Pwys o   (Diarhebion 25: 11)

Pwys o (Genesis 40: 10)

Pecyn o   (Caniad Solomon 6: 11)

Potelaid o   (Deuteronomium 14: 21)

Mae hi'n fwydlen braidd yn od, ond os chwiliwch chi am yr adnodau yn y Beibl, fe welwch fod pob un ohonyn nhw'n sôn am fwyd neu am ddiod. Sgrifennwch enwau'r bwydydd hyn i lawr i gwblhau'r fwydlen.

Mwynhewch eich picnic!

SYMIAU

Rhowch rif yn ateb i bob cwestiwn, yna gwnewch y sym.

1 Sawl brawd oedd gan Joseff?
2 Sawl pla a anfonwyd ar yr Aifft?
3 Sawl gwaith yr anfonodd Noa y golomen o'r arch?
4 'Y --- Gorchymyn.'

Cyfanswm: _____

5 Sawl bachgen a daflwyd i'r ffwrn dân?
6 Faint oedd oed Moses yn marw?
7 Sawl mab oedd gan Naomi?
8 Sawl utgorn a seiniwyd wrth furiau Jericho? _____

Cyfanswm: _____

9 Sawl diwrnod yr arhosodd Moses ar Fynydd Sinai?
10 Ar ba ddiwrnod y gorffwysodd Duw?
11 Am ba sawl blwyddyn y bu'r Israeliaid ar grwydr wedi gadael yr Aifft?
12 Sawl buwch newynog a welodd Pharo mewn breuddwyd?

Cyfanswm: _____

45
Y SIACED FRAITH

Dyma'r siaced a gafodd Joseff gan ei dad. Beth am i chi ei lliwio?

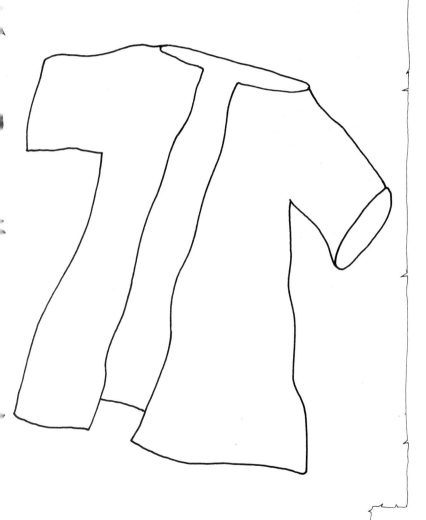

46

Y DEG PLA

Anfonwyd deg pla ar yr Aifft. Yn y lluniau sy'n dilyn mae
llun dau bla nad ydynt yn perthyn i'r amser ofnadwy
hwnnw. Pa ddau?

1

12

7

4

10

8

TRO-BÔS

Rhowch atebion y cwestiynau yn y blychau. Fel y gwelwch chi, mae llythyren olaf un gair yn dechrau'r gair nesaf. Y llinell drwchus sy'n gwahanu'r atebion.

Ar draws

2 Tad Isaac (7 llythyren)

4 Gwraig Samson (6)

5 Brawd-yng-nghyfraith Isaac (5)

7 Cartref Adda ac Efa (4)

8 Y llo --- (3)

10 Trigai Job yn y wlad hon (2)

I lawr

1 Gwraig Dafydd a mam Solomon (7 llythyren)

3 Hoff fab Dafydd (7)

4 Taflwyd hwn i ffau'r llewod (6)

6 Aeth brodyr Joseff i'r Aifft am eu bod yn dioddef o ----- (5)

7 Pymthegfed llyfr yr Hen Destament (4)

9 Breuddwydiodd Joseff fod un ar ddeg o'r rhain yn ymgrymu iddo (3)

10 -- y Caldeaid (2)

48
J

Yn y cwis hwn mae pob ateb yn dechrau â'r llythyren J.

1 Pwy oedd tad Joseff?

2 Pa ddinas a ddinistriwyd ar ganiad utgyrn?

3 Pwy oedd ffrind annwyl Dafydd?

4 Am ba ddinas yr hiraethai'r Iddewon fel hyn?
   'Os anghofiaf di, ---------
   bydded fy neheulaw'n ddiffrwyth.'

5 Pwy a ddewiswyd i arwain yr Israeliaid wedi
   marwolaeth Moses?

6 Sem, Cham a -----. Beth oedd enw trydydd mab Noa?

7 Pwy a anfonwyd gan yr Arglwydd i Ninefe?

8 Pwy a offrymodd ei ferch i'r Arglwydd?

9 Pa frenhines a drefnodd i Naboth gael ei ladd?

10 Pwy a ddywedodd ar ôl colli ei gyfoeth a'i deulu, 'Yr
   Arglwydd a roddodd, a'r Arglwydd a ddygodd ymaith.
   Bendigedig fyddo enw'r Arglwydd.'?

MEIBION JACOB

Dyma enwau deuddeg mab Jacob: Reuben, Simeon, Lefi, Jwda, Issachar, Sabulon, Gad, Aser, Nafftali, Dan, Joseff a Benjamin.

Chwiliwch amdanyn nhw yn y sgwariau. Rhaid darllen i fyny ac i lawr, ar draws, o gornel i gornel a hefyd o chwith.

R	W	M	R	P	A	I	G	D	B	Ch	D
Ph	B	N	C	H	C	M	E	R	Y	L	A
S	R	A	S	E	R	D	A	W	C	H	G
C	G	Ff	A	Ff	Y	Ch	J	O	S	E	Ff
Ff	O	T	N	W	A	G	Ff	F	S	M	P
T	W	A	Ff	S	D	Y	T	W	I	E	O
E	U	L	S	F	W	U	R	F	M	N	L
I	N	I	M	A	J	N	E	B	E	M	N
A	Ph	R	T	P	F	L	U	R	O	Ff	A
O	I	F	N	S	G	P	B	H	N	C	I
D	A	N	S	E	O	T	E	S	D	R	B
L	S	A	B	U	L	O	N	M	D	L	T

50
GWELEDIGAETHAU

Pwy a welodd hyn? Dewiswch o'r enwau canlynol: Josua, Eliseus, Aaron, Moses, Belsassar, Naaman, Samuel, Eli, Gideon, Hosea.

MENE, MENE, TECEL, WPARSIN

1

2

3

4

ALLAN O'R AIFFT

Tynnwch linell i ddangos yr union ffordd y teithiodd yr
Israeliaid wrth ddianc o'r Aifft i wlad Canaan.

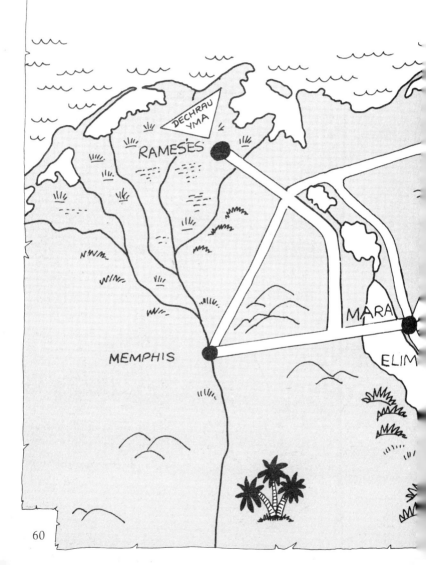

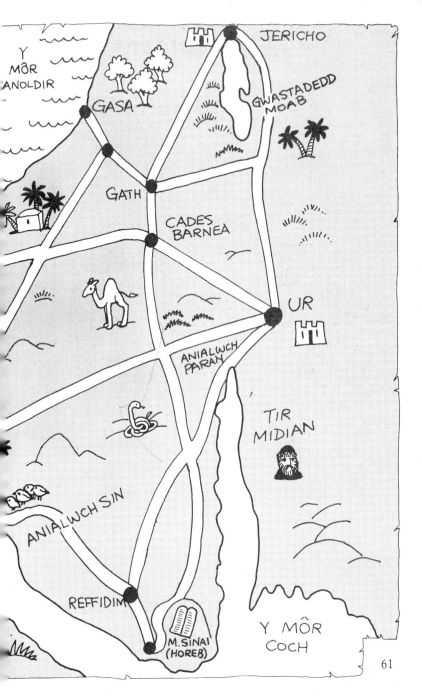

61

PWY A WNAETH HYN?

Mae pob un o'r lluniau yn darlunio digwyddiad yn yr Hen Destament. Pwy yw'r bobl yn y lluniau?

53
BRENHINOEDD

1   Pwy oedd brenin cyntaf Israel?

2   Pa frenin a fedrai ganu'r delyn?

3   Brenin ar ba wlad oedd Nebuchadnesar?

4   Pa frenin a adeiladodd y Deml?

5   Beth oedd teitl brenhinoedd yr Aifft?

6   Ailadeiladwyd y Deml ar orchymyn Cyrus a Darius. Brenhinoedd pa wlad oedden nhw?

7   Pa frenhines a ddaeth i roi prawf ar ddoethineb Solomon?

8   Pa frenin a ddarllenodd Lyfr y Gyfraith ac a wnaeth gyfamod i ddilyn gorchmynion yr Arglwydd?

9   Pwy a eneiniodd y Brenin Saul?

10 Perthynai Iesu Grist i dŷ a theulu -----. Enw pa frenin sy'n eisiau?

TRI CHYNNIG ARALL

Dyfalwch pwy yw'r cymeriadau hyn. Sgoriwch 5 pwynt os atebwch chi ar y cliw cyntaf, 3 phwynt ar yr ail gliw ac 1 pwynt ar y trydydd.

	✓	pwyntiau

1   Awdur nifer o'r Salmau.
Fe oedd ail frenin Israel.
Fe laddodd Goliath.

✓	pwyntiau
	5
	3
	1

2   Gosododd yr Arglwydd nod arno.
Roedd yn fab i Adda ac Efa.
Fe laddodd ei frawd.

	5
	3
	1

3   Bachgen a gyflwynwyd i wasanaeth
yr Arglwydd.
Dysgwyd ef gan Eli'r offeiriad.
Tyfodd i fod yn broffwyd.

	5
	3
	1

4   Gweddïodd ar Dduw wrth ffenestr agored.
Gwrthododd fwyta bwyd y brenin.
Taflwyd ef i ffau'r llewod.

	5
	3
	1

5   Tynnodd deml i lawr ar ben y Philistiaid.
Delila oedd ei wraig.
Roedd ei gryfder yn ei wallt.

	5
	3
	1

6 Gwnaeth y dyn hwn lo aur.
  Trodd y dyfroedd yn waed.
  Roedd yn frawd i Moses.

✓	pwyntiau
	5
	3
	1

7 Crogwyd hwn gan gangen coeden.
  Fe ymladdodd yn erbyn ei dad.
  Ei dad oedd y Brenin Dafydd.

	5
	3
	1

8 Proffwyd a iachaodd Naaman y Syriad.
  Fe lanhaodd y dyfroedd â halen.
  Roedd yn ddisgybl ac yn ffrind i Elias.

	5
	3
	1

5 ❊ 3 ❊ 1 ❊ 5 ❊ 3 ❊ 1

55
MERCHED Y BEIBL

1 Pa wraig a fynnodd fwyta ffrwyth y 'pren gwybodaeth da a drwg'?

2 Gwraig pwy a drodd yn golofn o halen?

3 Pa wraig a geisiodd hudo Joseff?

4 Pwy a orchmynnodd i'w morynion godi cawell Moses o'r hesg?

5 Pam y penderfynodd Hanna gyflwyno Samuel ei mab i wasanaeth yr Arglwydd?

6 Beth oedd enw'r frenhines a beryglodd ei bywyd i achub ei phobl?

7 Pwy oedd mam Joseff?

8 Pa wraig weddw a gafodd gwmni ei merch-yng-nghyfraith wrth fynd yn ôl i'w chartref ym Methlehem?

9 At bwy yr aeth Saul pan oedd am siarad ag ysbryd Samuel?

10 Chwaer i bwy oedd Miriam?

GWAITH EU DWYLO

Enwch y pethau hyn a luniwyd gan gymeriadau'r Hen Destament.

57
CROESAIR

Edrychwch ar y lluniau a rhowch eu henwau yn y blychau.

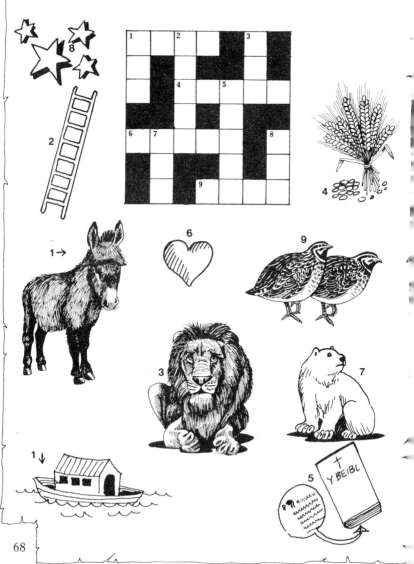

58
Y BAND

Chwiliwch am yr adnodau yn y Beibl.
Bydd pob adnod yn rhoi enw offeryn i chi.
Tynnwch linell o'r adnod i'r offeryn cywir.

1 Josua 6:13
2 Salm 137:2
3 Salm 150:5
4 Luc 7:32
5 Salm 68:25

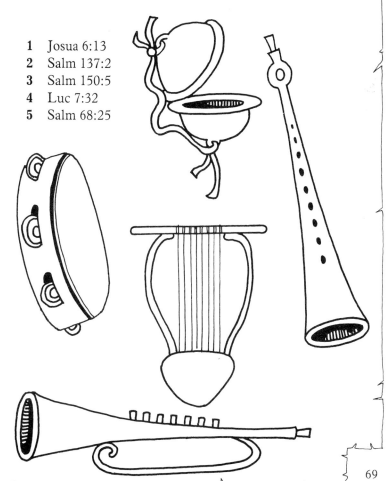

Y SALMAU

Rhowch y geiriau hyn yn ôl yn y Salmau:—

babell   drygionus   ddaear   enaid   enw   gariad
gogoniant   mugail   mynyddoedd   nerth

1 'Yr Arglwydd yw fy ------.'

2 'Y mae'r nefoedd yn adrodd --------- Duw.'

3 'Eiddo'r Arglwydd yw'r ----- a'i llawnder.'

4 'Oherwydd da yw'r Arglwydd, y mae ei ------ hyd byth.'

5 'Fy -----, bendithia'r Arglwydd.'

6 'O Arglwydd, ein Iôr, mor ardderchog yw dy --- ar yr holl ddaear.'

7 'Arglwydd, pwy a gaiff aros yn dy -----?'

8 'Y mae Duw yn noddfa ac yn ---- i ni.'

9 'Gwyn ei fyd y gŵr nad yw'n dilyn cyngor y ---------.'

10 'Codaf fy llygaid tua'r --------.'

ENWAU

Enwau lleoedd o'r Beibl sy ar y capeli hyn ac mae gan bob enw ei ystyr. Tybed a fedrwch chi ddyfalu pa ystyr sy'n perthyn i ba enw?

blodeuog
bryn uchel
cymdeithas
dyffrynnoedd
gwinllan Duw
heddwch
maen y cymorth
mynydd gwyn
rhoddwr heddwch
tŷ Dduw

Ebeneser

ELIM

HEBRON

SEILO

NASARETH

Libanus

CARMEL

SALEM

PISGA

Bethel

BREUDDWYDION

Pwy a freuddwydiodd fel hyn? Dewiswch o'r enwau canlynol: Pharo, Elias, Joseff, Naomi, Pobydd Pharo, Distain Pharo, Dafydd, Eliseus, Jacob.

DAU GYNNIG

Rhowch ✔ ym mlwch A neu B wrth bob cwestiwn. Yna trowch i'r cefn i weld a ydych yn gywir ai peidio. Sgoriwch ddau bwynt am bob ateb cywir.

	A	B	Sgôr

1   Beth oedd enw'r bwyd a ddisgynnodd o'r nef i'r Israeliaid tra oeddynt yn yr anialwch?
    A manna   **B** padon
2   Pwy a daflwyd i'r ffwrn dân gyda Sadrach a Mesach?
    A Abednego   **B** Nehemeia
3   Pa ddwy ddinas bechadurus a ddinistriwyd gan frwmstan a thân?
    A Bethel a Hai   **B** Sodom a Gomorra
4   Pwy a ddywedodd, 'Ai fi yw ceidwad fy mrawd?'?
    A Cain   **B** Joseff
5   I ba dduw y cododd Ahab, brenin Israel, allor?
    A Dagon   **B** Baal
6   Beth oedd yn Arch y Cyfamod pan osodwyd hi yn y Deml?
    A llechi'r Deg Gorchymyn
    B ennaint y brenin
7   Beth oedd enw trydydd mab Adda ac Efa?
    A Effraim   **B** Seth
8   I ba genedl y perthynai Goliath?
    A Midianiaid   **B** Philistiaid

Trowch i'r Atebion am ddedfryd ar gyfanswm eich sgôr.

AR Y DŴR

1 Fe wellodd Naaman o'r gwahanglwyf wrth ymolchi yn yr afon. Pa afon oedd honno?

2 Pwy fu'n cuddio wrth afon Cerith ac yn yfed o'i dŵr?

3 Pwy a laddwyd wrth afon Cison?

4 'Ger afonydd -------
yr oeddem yn eistedd ac yn wylo.'
Beth rowch chi yn y bwlch, Galilea ynteu Babilon?

5 Beth oedd enw'r ffynnon chwerw yn yr anialwch a felyswyd gan Dduw?

6 Boddwyd byddin yr Eifftiaid yn y Môr ---.

7 Ar ba ddiwrnod y casglodd Duw'r dyfroedd at ei gilydd a'u galw'n foroedd?

8 Dewisodd Lot fyw ar wastadedd afon. Pa afon oedd honno?

9 'Gwna imi orwedd mewn porfeydd breision a thywys fi gerllaw dyfroedd -----.' Pa air sy'n eisiau o'r Salm?

10 Sut oedd milwyr dewisedig Gideon yn yfed dŵr o'r afon?

CYSYLLTWCH

Â phwy y cysylltir y lluniau? Dewiswch o'r enwau hyn:
Gideon, Moses, Delila, Ruth, Jona, Nehemeia, Debora,
Dafydd, Solomon, Daniel.

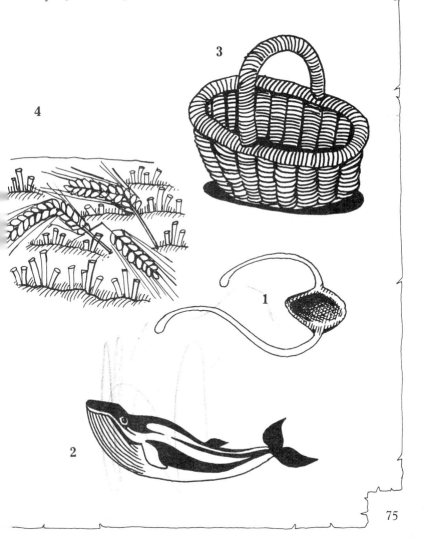

Y PROFFWYDI

Chwiliwch am enwau'r proffwydi hyn yn y sgwâr: Elias, Eliseus, Eseciel, Eseia, Habacuc, Haggai, Hosea, Jeremeia, Joel, Malachi, Micha, Nahum, Obadeia, Sechareia, Seffaneia. Rhaid chwilio i fyny ac i lawr, ar draws, o gornel i gornel a hefyd o chwith.

E	W	N	C	O	B	A	D	E	I	A	F
R	A	S	T	Ph	R	J	H	W	Y	M	R
N	P	E	B	A	T	E	A	T	Ch	U	A
W	R	Ff	A	N	S	R	B	M	E	H	C
S	O	A	I	E	W	E	A	I	S	A	A
J	M	N	E	L	I	M	C	A	E	N	E
O	A	E	R	I	E	E	U	G	I	F	S
E	L	I	A	S	S	I	C	G	A	M	O
L	A	A	Ch	E	R	A	A	A	U	I	H
M	Ch	P	E	U	T	W	Ph	H	N	Ch	M
U	I	L	S	S	O	M	A	L	T	A	I
R	M	E	S	E	C	I	E	L	S	R	G

CREADURIAID

Â phwy y cysylltir yr anifeiliaid hyn? Dewiswch o'r rhestr hon: Esther, Miriam, Brenhines Seba, Efa, Yr Eifftiaid, Abednego, Yr Israeliaid yn yr anialwch, Amos, Samson, Sisera.

GEIRIAU ESEIA

Chwiliwch am yr adnodau yn y Beibl a sgrifennwch y geiriau coll yn y grid. Yna trosglwyddwch bob llythyren i'r blwch cyfatebol ar waelod y dudalen ac fe welwch adnod o lyfr Eseia.

Daw adnodau A—Ch o'r Hen Destament ac adnodau D—H o'r Testament Newydd.

A 'Galwodd Duw y goleuni yn ---.' (Genesis 1:5)

B 'Gŵr cyfiawn oedd Noa, perffaith yn ei ---.' (Genesis 6:9)

C 'Y mae ei gariad --- byth.' (Salm 100:5)

Ch 'Bydd yn bwyta ----- a mêl.' (Eseia 7:15)

D 'Ganwyd i chwi ----- yn nhref Dafydd waredwr.' (Luc 2:11)

Dd 'Chwi yw halen - -----.' (Mathew 5:13).

E 'Yn y fan syrthiodd rhywbeth fel --- oddi ar ei lygaid.' (Actau 9:18)

F 'Y bobl --- yn trigo mewn tywyllwch a welodd oleuni mawr.' (Mathew 4:16)

Ff 'Peidiwch â barnu, rhag ichwi gael --- barnu.' (Mathew 7:1)

G 'A'u rhif oedd ---- myrddiynau.' (Datguddiad 5:11)

Ng 'A dyma'r ----- i chwi: cewch hyd i'r un bach wedi ei rwymo mewn dillad baban.' (Luc 2:12)

H 'Hwn a ddyrchafodd Duw â'i law dde yn Ben ------- a Gwaredwr.' (Actau 5:31)

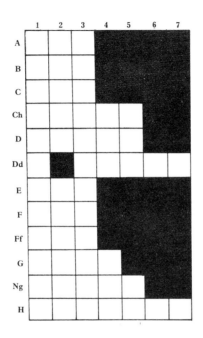

Ch1	H6	Dd7		Ng3	B2	A3	Dd4	D4	F3		Ng1	G3		Ch4		
G1	A2	E3	Dd1	A1	B1	D2	Dd3		C2	H3		H1	Ng2	Dd6	F2	C3
	H2		Ch3	Ff1	H7	Ch2	H5	G2	Ng5		B3	Ng4	Ch5			
E1	H4	C1	F1	E2	G4	Ff2		D1	Dd5	D3	D5	Ff3				

TREM YN ÔL

Â phwy y cysylltir y rhain? Ydych chi'n cofio?

SYMUD YMLAEN

Gorffennwch enwau'r trefi hyn o Lyfr yr Actau.

EA

OCHIA

EN

LONICA

BER   LY

ANTI   DER

THESA   TRO

EFF   RHU

ATH   COR

BE

AS

INTH

FAIN

ESUS   STRA

DYDD Y PENTECOST

1   Pa enw a roddwn ni ar Sul y Pentecost?

2   Ar ddydd y Pentecost fe gyflawnwyd yr addewid hwn a roddodd Iesu i'w Ddisgyblion, 'Fe'ch bedyddir chwi â'r ------ ---- ymhen ychydig ddyddiau.' Pa eiriau sy'n eisiau?

3   Beth a welwyd yn disgyn ar y Disgyblion?

4   Pa sŵn a glywyd?

5   Pam roedd y dorf yn rhyfeddu wrth glywed y Disgyblion yn siarad?

6   Pwy a anerchodd y dorf?

7   Beth oedd ei ateb pan ddywedodd rhywrai fod y Disgyblion wedi meddwi?

8   Gorffennwch yr enw hwn: enw a ddefnyddir i ddisgrifio'r Disgyblion a anfonwyd i bregethu'r Efengyl: a---t----n.

9   Pa lyfr yn y Testament Newydd sy'n sôn am y Pentecost ac am weithredoedd y Disgyblion hyn?

10   Tua faint o Gristnogion newydd a fedyddiwyd ar ddydd y Pentecost?

Y CRISTNOGION CYNNAR

Dyma rai o'r Cristnogion y sonnir amdanynt yn Llyfr yr Actau: STEFFAN, PAUL, BARNABAS, SILAS, TIMOTHEUS, LYDIA, CORNELIUS, TABITHA, IOAN MARC, PRISCILA, ACWILA, EUTYCHUS.

Chwiliwch amdanyn nhw yn y sgwâr. Rhaid darllen i fyny ac i lawr, ar draws, o gornel i gornel a hefyd o chwith.

W	R	M	P	T	O	A	F	G	Ch	N	E
S	W	Y	L	C	E	Ch	T	D	U	I	U
L	C	R	A	M	N	A	O	I	T	S	T
N	M	O	B	A	L	Y	D	I	A	U	Y
P	A	I	Ff	C	W	C	S	B	B	I	Ch
R	G	E	B	W	D	E	A	S	I	L	U
I	T	N	N	I	F	N	W	D	Th	E	S
S	H	A	R	L	R	S	T	I	A	N	R
C	M	F	S	A	L	I	S	Ch	H	R	E
I	O	L	B	F	C	M	G	H	L	O	F
L	U	A	P	B	G	A	S	P	T	C	Y
A	P	T	I	M	O	Th	E	U	S	G	M

AR Y FFORDD I DDAMASCUS

1   Beth oedd enw Paul cyn iddo ddod yn Gristion?

2   O ba dref yr oedd e'n enedigol?

3   Pa Gristion a welodd e'n cael ei labyddio?

4   Beth yr oedd e'n bwriadu ei wneud yn Namascus?

5   Pwy a glywodd e'n siarad ag e ar y ffordd?

6   Beth welodd e?

7   Am faint o amser y bu e'n ddall?

8   Pa ddisgybl a anfonwyd gan yr Arglwydd at Saul yn Namascus?

9   Pryd y cafodd Saul ei fedyddio?

10 Sut y gadawodd Saul y ddinas?

73
BLE?

Ble y digwyddodd hyn i Paul? Cysylltwch yr enwau â'r lluniau.

ATHEN
JERWSALEM
LYSTRA
MELITA
PHILIPI
TROAS

SYMBOLAU

Y symbol a ddefnyddiwn ni i'n hatgoffa'n hunain o Jwdas Iscariot yw tarian wag.

Ar dariannau'r un apostol ar ddeg arall mae lluniau arbennig sy'n nodi rhyw agwedd neu ddigwyddiad arbennig yn eu bywydau. Tynnwch linell o enw'r apostol i'r symbol sy'n perthyn iddo.

PEDR
ANDREAS
IAGO
IOAN
IAGO FAB ALFFEUS
PHILIP
BARTHOLOMEUS
MATHEW
THOMAS
THADEUS
SIMON

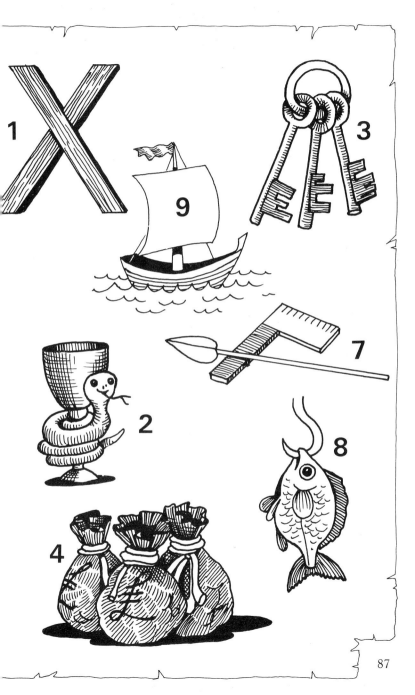

PAUL

Rhowch yr atebion yn y blychau. Yn y golofn â seren uwch ei phen fe welwch eiriau a ddefnyddiodd yr Arglwydd i ddisgrifio Paul.

1. Teithiodd Paul yn hon. (Actau 20:13)
2. Dinas lle yr addolid y dduwies Artemis. (Actau 19:35)
3. Cyd-deithiwr Paul. (Actau 15:40)
4. Disgybl o Lystra. (Actau 16:1)
5. Anfonwyd Paul i ------ at Gesar. (Actau 28:16)
6. ------- Rhufeinig oedd Paul. (Actau 22:29)
7. Dewin o Paffos. (Actau 13:8)
8. 'Byddwch yn ----------,' meddai Paul. (Actau 20:31)
9. Ffodd Paul o'r ddinas hon. (Actau 14:1)
10. Hwyliodd Paul i'r wlad hon. (Actau 21:3)
11. Gelynion Paul. (Actau 9:23)
12. Ynys lle y llongddrylliwyd Paul. (Actau 28:1)
13. Pwy a siaradodd â Paul? (Actau 9:5)

LLYTHYRON

Sgrifennodd Paul nifer o lythyron. At bwy yr oedd e'n sgrifennu? Gorffennwch yr enw ar bob llythyr.

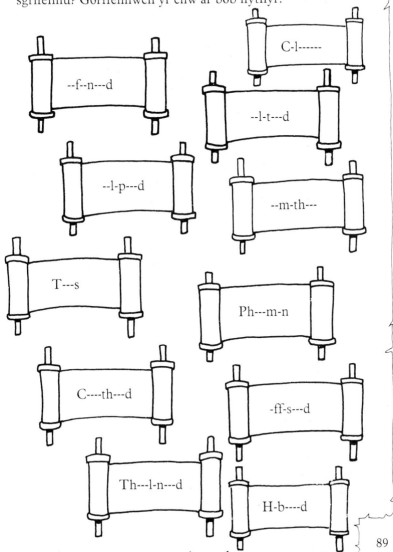

--f--n---d

C-l------

--l-t---d

--l-p---d

--m-th---

T---s

Ph---m-n

C----th---d

-ff-s---d

Th---l-n---d

H-b----d

Y COMISIWN

Sgrifennwch y geiriau coll yn y grid. Yna trosglwyddwch bob llythyren i'r blwch cyfatebol ar waelod y dudalen ac fe welwch gomisiwn Iesu i'r Disgyblion.

Daw adnod A o'r Hen Destament ac adnodau B—Ng o'r Testament Newydd.

A 'Syrthiaf arnynt fel --- wedi colli ei chenawon.' (Hosea 13:8)

B 'Clywyd --- yn Rama, wylofain a galaru dwys.' (Mathew 2:18)

C 'Nid wyt i roi genfa am safn -- tra bydd yn dyrnu.' (I Timotheus 5:18)

Ch 'Oni lanhawyd y ---? Ble mae'r naw?' (Luc 17:17)

D '---- fi'n anfon fy nghennad o'th flaen.' (Marc 1:2)

Dd 'Rhedeg yr ---- sydd o'n blaen heb ddiffygio.' (Hebreaid 12:1)

E 'Chwiliwch ac fe ----.' (Mathew 7:7)

F 'Fe'i cyffelybir i ddyn call, a adeiladodd ei dŷ ar y -----.' (Mathew 7:24)

Ff 'Ar ddydd cyflawni cyfnod y Pentecost yr oeddent oll ----- yn yr un lle.' (Actau 2:1)

G 'A gwatwarant ef, a ----- arno a'i fflangellu a'i ladd.' (Marc 10:34)

Ng 'Ni chanlynant neb ------ byth.' (Ioan 10:5)

	1	2	3	4	5	6
A				■	■	■
B				■	■	■
C			■	■	■	■
Ch				■	■	■
D					■	■
Dd					■	■
E					■	■
F						■
Ff						■
G						■
Ng						

B2	D1	E4	■	Ng2	A2	■	Ff3	G2	B1	■	B3	Ff4	Ch1
■	A1	■	G1	Dd2	Ch2	E1	Ng3	A3	E3	C2	■	Ff1	F2
■	D4	Dd3	G3	Ff2	C1	D3	■	F4	G4	■	■	■	■
F1	Ng6	E2	Dd4	Ng1	G5	F5	F3	D2	Ng5	■	Ng4	■	■
Ch3	Dd1	Ff5	■	■	■	■	■	■	■	■	■	■	■

YR APOSTOLION

1. Gorffennwch eiriau Iesu wrth Pedr: 'Rwyf fi'n dweud wrthyt mai ti yw Pedr, ac ar y ----- hon yr adeiladaf fy ------.'

2. Pa ddisgybl a ddewiswyd yn olynydd i Jwdas?

3. Pwy a iachawyd gan Pedr ac Ioan wrth y Porth Prydferth?

4. O ba wlad y dôi'r eunuch y bu Philip yn ei ddysgu?

5. Beth oedd enw'r wraig a atgyfodwyd gan Pedr?

6. Pa un o'r apostolion a laddwyd â chleddyf gan y Brenin Herod?

7. Pwy a ryddhaodd Pedr o garchar?

8. Arferai'r Cristnogion rannu popeth â'i gilydd. Pa ŵr a gwraig a fu farw am iddynt geisio cadw peth o'u harian iddynt eu hunain?

9. Beth oedd enw'r canwriad a anfonodd am Pedr?

10. Ble y bu farw Pedr?

Y CENHEDLOEDD

Enwch wrth eu henwau modern y gwledydd lle bu Paul yn pregethu. Cysylltwch bob rhif â'r enw cywir.

cyprus

malta

eidal

syria

groeg

twrci

PA IAITH?

ARABEG

1 Pa un o'r ieithoedd hyn yw iaith wreiddiol yr Hen Destament?

2 Pa un yw iaith wreiddiol y Testament Newydd?

3 Pa iaith a siaradai Iesu ei hun?

* Roedd dynion o wahanol genhedloedd wedi ymgynnull yn Jerwsalem. Ydych chi'n cofio ar ba ddiwrnod y clywson nhw'r Disgyblion yn siarad â nhw, bob un yn ei iaith ei hun?

I GYMRU

Dyma rai o'r dynion a fu'n gyfrifol am roi Beiblau i ni yn ein hiaith ein hunain, yr iaith Gymraeg. Fedrwch chi gysylltu pob enw ag un o'r llefydd ar yr arwyddbost?

Thomas Charles   William Morgan

Griffith Jones

William Salesbury

Peter Williams

LLANRHAEADR-YM-MOCHNANT

LLANDDOWROR

Y BALA

LLANSANNAN

CAERFYRDDIN

Y BEIBL CYMRAEG

Cysylltwch bob dyn â'r disgrifiad o'i waith yn hyrwyddo'r Beibl. Pwy a wnaeth beth? Rhowch✔ yn y bocs cywir.

	William Salesbury	William Morgan	Griffith Jones	Peter Williams	Thomas Charles
A					
B					
C					
Ch					
D					

A Sefydlodd ysgolion i ddysgu'r bobl i ddarllen y Beibl. 1731.

B Cyhoeddodd Feibl gydag esboniad—y Beibl Cymraeg mwyaf poblogaidd erioed. 1770.

C Cyfieithodd y Testament Newydd i'r Gymraeg am y tro cyntaf. 1567.

Ch Helpodd i sefydlu Cymdeithas y Beibl. 1804.

D Cyfieithodd y Beibl cyflawn i'r Gymraeg am y tro cyntaf. 1588.

YN YR YSGOL

Sefydlodd Griffith Jones ysgolion i ddysgu'r tlodion i ddarllen y Beibl. Byddai pobl o bob oed yn mynd i'r ysgolion hyn. Tynnwch lun hen ŵr ar un pen o'r fainc a merch fach ar y llall.

PENNILL

Petaech chi'n byw yng Nghymru dair canrif yn ôl, mi fyddech chi'n gyfarwydd â phennill bach o waith y Ficer Prichard.

Chwiliwch am y geiriau coll yn yr adnodau sy'n dilyn a rhowch nhw yn y grid. Yna trosglwyddwch bob llythyren i'r blwch cyfatebol ar waelod y dudalen ac fe welwch ddwy linell o'r pennill.

Daw adnodau A—C o'r Hen Destament ac adnodau Ch—G o'r Testament Newydd.

A 'Gwna i ti arch o bren goffer; gwna ------ ynddi.' (Genesis 6:14)

B 'Dywed hyn wrth feibion Israel, "----- sydd wedi fy anfon atoch".' (Exodus 3:14)

C 'Yna dywedodd yr ARGLWYDD wrth Cain, "Ble mae dy frawd ----?"' (Genesis 4:9)

Ch 'A'i fwyd oedd locustiaid a --- gwyllt.' (Mathew 3:4)

D 'Mewn gair, y mae ffydd, gobaith, cariad, y --- hyn, yn aros.' (I Corinthiaid 13:13)

Dd 'Gwneler dy ewyllys, ar y ddaear fel yn y ---.' (Mathew 6:10)

E 'Os yw'r --- yn eich casáu chwi, fe wyddoch ei fod wedi fy nghasáu i o'ch blaen chwi.' (Ioan 15:18)

F 'Y mae'r dyn da o'i drysor da yn ---- allan bethau da.' (Mathew 12:35)

Ff 'Syrthiodd peth arall ymhlith y -----.' (Marc 4:7)

G 'Yr wyf yn dy foliannu di, O Dad, Arglwydd nef a daear, am i ti guddio'r pethau hyn rhag y doethion a'r deallusion, a'u datguddio i rai ------.' (Luc 10:21)

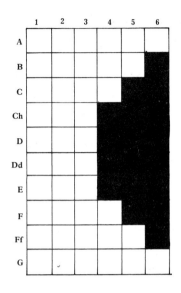

	1	2	3	4	5	6
A						
B						
C						
Ch						
D						
Dd						
E						
F						
Ff						
G						

A1	F2	Ch2	A3		Ff1	A4	B2	D2	Dd2	B5	G6	F3	Ff5
	G2	Dd1		E3	B4		Ch3	C3	D1	B1			
E2	B3	Ff2		C2	A5	Ff4	G1	C4		E1	C1	G3	
F4	G4		F1	D3	Ch1		Ff3		Dd3	A2	A6	G5	

MARY JONES

Bu Mary Jones yn cynilo am chwe blynedd er mwyn prynu Beibl gan Thomas Charles, y Bala. Unwch y dotiau i weld sut y bu Mary'n gweithio i ennill ei harian.

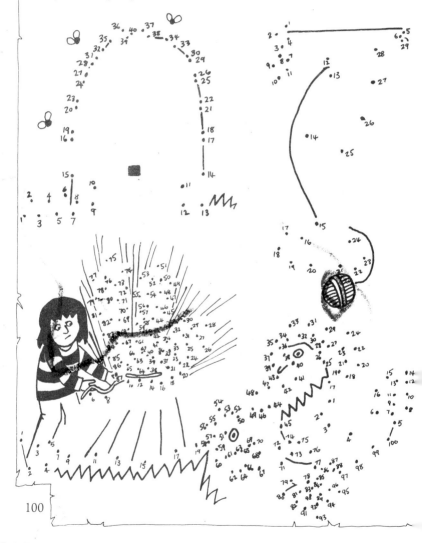

BEIBLAU I'R BYD

Ar ôl cwrdd â Mary Jones aeth Thomas Charles i Lundain ym 1802 i ofyn am Feiblau rhad i'r Cymry. Ddwy flynedd yn ddiweddarach sefydlwyd Cymdeithas y Beibl i anfon Beiblau yn eu hiaith eu hunain i bobl dros y byd i gyd.

Nawr trowch y dudalen i sgrifennu enwau cymaint o ieithoedd ag a fedrwch chi ar y llinellau o gwmpas y byd.

ATEBION

1 Ar y ffordd
Bethlehem, Nasareth, Jerwsalem, Bethania, Bethsaida, Bethffage, Jericho, Nain, Cesarea, Capernaum.

2 Yn y stabl
1 Prese*B*ugail   2 Bethlehe*M*air   3 Freni*N*asareth.

3 Anifeiliaid
Pedr—ceiliog; Daniel—llew; Jona—morfil; Balaam—asyn; Elias—cigfran; Moses—sarff; Noa—colomen; Samson—gwenyn.

4 Sêr
Pos A: angel, Aifft, Rama, Jwda.   **Pos S:** ninas, ewyllys, seren, Simeon.

5 Y Llais
Ti yw fy Mab, yr Anwylyd; ynot ti yr wyf yn ymhyfrydu.

6 Plant y Beibl
1 plant   2 Isaac   3 Moses   4 Joseff   5 Samuel   6 Meffiboseth
7 Ioan Fedyddiwr   8 Dwyflwydd oed neu lai   9 Yn y Deml   10 Roedd e'n gwrando ar yr athrawon ac yn eu holi.

7 Yn yr anialwch
1—B: Nid ar fara yn unig y bydd dyn fyw, ond ar bob gair sy'n dod allan o enau Duw.
2—C: Paid â gosod yr Arglwydd dy Dduw ar ei brawf.
3—A: Yr Arglwydd dy Dduw a addoli, ac ef yn unig a wasanaethi.

8 Y Disgyblion

C	S	T	E	O	P	A	Th	N	O	M	I	S
M	I	B	C	E	S	A	N	D	R	E	A	S
R	C	U	A	U	M	E	Ph	D	Ff	I	G	O
A	N	Th	G	R	A	I	A	F	T	C	O	S
W	S	Ff	H	W	Th	A	D	E	U	S	N	R
Y	A	O	S	N	E	O	A	B	F	E	L	J
P	E	D	R	F	W	R	L	W	E	N	G	W
I	R	N	T	O	N	M	C	O	J	S	B	D
L	S	P	Th	A	P	A	I	R	M	A	J	A
I	A	G	O	F	A	B	A	L	Ff	E	U	S
Ph	W	I	M	R	S	Ph	G	T	Y	W	U	T
M	A	L	A	Ph	R	F	T	D	M	O	R	S
D	T	G	S	M	C	N	Y	B	U	T	F	W

9 Brodyr
Pedr—Andreas; Iago—Ioan; Joseff—Benjamin; Effraim—Manasse; Jacob—Esau; Moses—Aaron; Cain—Abel.

10 Ar y map
1 Nasareth—Bethlehem   **2** Jerwsalem—Jericho   **3** Iorddonen
4 Jerwsalem   **5** Cana   **6** Bethania   **7** Jericho   **8** Nain   **9** Capernaum
10 Môr Galilea.

11 Swyddi
Andreas—pysgotwr; Luc—meddyg; Paul—gwneuthurwr pebyll; Mathew—casglwr trethi; Cornelius—canwriad; Pontius Pilat—rhaglaw; Herod—brenin; Lydia—gwerthwr porffor.

12 Symiau
1 12	**2** 5	**3** 40	**4** 2	Cyfanswm: 59
5 3	**6** 2	**7** 4	**8** 1	Cyfanswm: 10
9 30	**10** 5	**11** 12	**12** 3	Cyfanswm: 50

13 Am y cyntaf
1 Ioan   **2** Sacheus   **3** Y Mab Colledig   **4** Pedr   **5** Ioan Fedyddiwr
6 Mair   **7** Jwdas   **8** Pontius Pilat.

14 Yr Heuwr
1 Bwytaodd yr adar yr hadau   **2** Tyfodd y planhigion yn gyflym , ond fe'u llosgwyd gan yr haul am nad oedd iddynt wreiddiau   **3** Tagwyd y planhigion gan y drain   **4** Tyfodd y planhigion a dwyn ffrwyth.

15 Pwy?
1 Mair   **2** Y Samariad   **3** Andreas   **4** Martha   **5** Y Phariseaid a'r Ysgrifenyddion   **6** Simeon   **7** Herod   **8** Barabbas   **9** Joseff o Arimathea   **10** Thomas.

16 Gwyn eu byd
y rhai sy'n galaru—cânt hwy eu cysuro; y rhai addfwyn—cânt hwy etifeddu'r ddaear; y rhai sy'n newynu a sychedu am gyfiawnder—cânt hwy eu digon; y rhai trugarog—cânt hwy dderbyn trugaredd; y rhai pur eu calon—cânt hwy weld Duw; y tangnefeddwyr—cânt hwy eu galw'n feibion Duw; y rhai a erlidiwyd yn achos cyfiawnder—eiddynt hwy yw teyrnas nefoedd.

17 Bwyd
1 Iesu a'r Disgyblion **2** Ioan Fedyddiwr **3** Y Pum Mil **4** Y Mab Colledig **5** Iesu a'r Disgyblion.

18 Cyngor
A Eli **B** cras **C** y chweched **Ch** i ddynion **D** sychedig
Dd chwaer **E** rhoi'r **F** glaw **Ff** ni
Dyma gyngor Iesu Grist i'w Ddisgyblion: 'Carwch eich gelynion a gwedd-ïwch dros y rhai sy'n eich erlid.'

19 Y Meddyg Da
1 Dyn wedi ei barlysu **2** Dyn gwahanglwyfus **3** Gwraig ac arni waed-lif **4** 'Fy ngeneth, rwy'n dweud wrthyt, cod.' **5** Un **6** Bachgen ac ysbryd aflan ynddo **7** Pedr **8** Y dyn a llaw ddiffrwyth ganddo/y claf wrth Borth y Defaid/y dyn â dropsi/gwraig wargrwm **9** Y canwriad a ofynnodd i Iesu iacháu ei was **10** Lasarus.

20 Sgôr
1 A **2** A **3** B **4** B **5** B **6** A **7** B **8** B. Sut llwyddoch chi?
16 pwynt: rhagorol. 12—16 pwynt: da iawn. 10—12 pwynt: da.
8—10 pwynt: eithaf da. 6 phwynt: gweddol. O dan 6 phwynt: wps!

21 Ble?
1 rhwystro **2** Nasareth **3** palmwydd **4** Lasarus **5** Gabriel
6 Galilea **7** Cesarea. Enw'r rhanbarth yw: Samaria.

22 Ar ddameg
Dameg y ddafad golledig.

24 Geiriau coll
1 goleuni **2** plentyn **3** Saboth **4** nef **5** arian **6** proffwyd
7 dyn cyfoethog **8** ffydd **9** ceiliog **10** flaenaf.

25 Tri chynnig
1a **2**c **3**b **4**c **5**b **6**c **7**a **8**b **9**b **10**c.

26 Pwy biau?
1 Jwdas **2** Ioan Fedyddiwr **3** Y Sêr-ddewiniaid **4** Pedr, Andreas, Iago ac Ioan.

27 Damhegion

Llun y llong yn suddo yw'r unig un nad yw'n darlunio dameg.

28 I mewn i Jerwsalem

1 ebol asyn   **2** eu mentyll   **3** pawb a oedd yn prynu a gwerthu   **4** dwy hatling   **5** Croyw   **6** goruwch-ystafell fawr   **7** nghorff   **8** ngwaed
9 y prif offeiriaid   **10** Pedr.

29 Rhifau

1 100   **2** 2   **3** 1   **4** Dim un   **5** 10,000   **6** 2   **7** 4   **8** 3.

30 Pwy a wnaeth hyn?

1 Iesu   **2** Pedr   **3** Pilat   **4** Iesu.

31 Yr athro

1 Troi'r foch arall   **2** Adeiladu ei dŷ ar dywod   **3** Mae hi'n tynnu sylw ati ei hun   **4** Y drws cul sy'n arwain i fywyd. Mae'r llall yn arwain i ddistryw   **5** Maen nhw'n ein dysgu i beidio â phoeni am yfory gan fod Duw yn gofalu amdanom   **6** Mae hi'n edrych ar y brycheuyn yn llygad ei brawd yn lle poeni am y trawst yn ei llygad ei hun.

32 Myfi yw

1 bara   **2** goleuni   **3** drws   **4** bugail   **5** ffordd   6 winwydden.

33 Y Pasg cyntaf

1 Gethsemane   **2** Torri ei glust i ffwrdd   **3** I ddangos nad oedd e'n gyfrifol am groeshoeliad Iesu   **4** Clogyn ysgarlad a choron ddrain
5 Golgotha (Lle'r Benglog)   **6** dau   **7** Ioan   **8** Hwn yw Iesu, Brenin yr Iddewon   **9** Tair awr   **10** Dydd Gwener y Groglith.

34 Dydd Gwener y Groglith

Byddai'r milwyr yn hapus a'r Disgyblion yn drist.

35 Dydd Sul y Pasg

Byddai golwg wedi eu rhyfeddu ac amheus ar y milwyr. Byddai'r Disgyblion yn orfoleddus o hapus.

36   Yr Atgyfodiad
1 Milwyr   **2** Angel   **3** Mair Magdalen a gwragedd eraill   **4** Emaus
5 Fe adnabuon nhw Iesu y noson honno, pan gymerodd e'r bara yn y llety
a'i fendithio   **6** Thomas   **7** 'Fy Arglwydd a'm Duw!'   **8** Helpodd
Iesu'r Disgyblion i ddal pysgod drwy eu cynghori i fwrw'r rhwyd yr ochr
dde i'r llong   **9** Pedr   **10** 40.

37   Neges
'Ac yn awr, yr wyf fi gyda chwi bob amser hyd ddiwedd y byd.'

38   Hel atgofion
1 Sacheus   **2** Mair   **3** Ioan Fedyddiwr   **4** Y Samariad Trugarog   **5** Y
Claf o'r Parlys   **6** Y Mab Colledig.

39   Tuag yn ôl
Hebron, Sichem, Bethel, Beerseba, Gosen, Gath, Ninefe, Succoth, Gilgal,
Jopa.

40   Y Greadigaeth
1 D Dydd a nos   **2 B** Y Ffurfafen   **3 Ch** Moroedd a thir ffrwythlon
4 C Yr haul, y lleuad a'r sêr   **5 Dd** Pysgod ac adar   **6 A** Anifeiliaid a
dyn.

41   Parau
Dafydd—Jonathan; Ruth—Naomi; Abraham—Lot; Samson—Delila;
Elias—Eliseus; Adda—Efa; Samuel—Eli; Ahab—Jesebel.

42   Tywydd
1 Enfys   **2** Jona   **3** Saith   **4** Mynydd Sinai   **5** Roedd Duw am siarad
â Moses ar y mynydd a rhoi iddo'r Deg Gorchymyn   **6** Josua   **7** 40
8 Gwynt mawr   **9** Cenllysg   **10** Gwlith.

43   Picnic
Tair torth, pecyn o fenyn, darn o gig, un cosyn, pot o fêl, un cucumer,
pwys o afalau, pwys o rawnwin, pecyn o gnau, potelaid o laeth.

44   Symiau
1 11	**2** 10	**3** 3	**4** 10	Cyfanswm: 34
5 3	**6** 120	**7** 2	**8** 7	Cyfanswm: 132
9 40	**10** 7	**11** 40	**12** 7	Cyfanswm: 94

46 Y Deg Pla
Rhifau **3** a **10** sy'n anghywir.

47 Tro-bôs
Ar draws: 2 Abraham **4** Delila **5** Laban **7** Eden **8** aur **10** Us
I lawr: 1 Bathseba **3** Absalom **4** Daniel **6** newyn **7** Esra **9** sêr
10 Ur.

48 J
1 Jacob **2** Jericho **3** Jonathan **4** Jerwsalem **5** Josua **6** Jaffeth
7 Jona **8** Jefftha **9** Jesebel **10** Job.

49 Meibion Jacob

R	W	M	R	P	A	I	G	D	B	Ch	D
Ph	B	N	C	H	C	M	E	R	Y	L	A
S	R	A	S	E	R	D	A	W	C	H	G
C	G	Ff	A	Ff	Y	Ch	J	O	S	E	Ff
Ff	O	T	N	W	A	G	Ff	F	S	M	P
T	W	A	Ff	S	D	Y	T	W	I	E	O
E	U	L	S	F	W	U	R	F	M	N	L
I	N	I	M	A	J	N	E	B	E	M	N
A	Ph	R	T	P	F	L	U	R	O	Ff	A
O	I	F	N	S	G	P	B	H	N	C	I
D	A	N	S	E	O	T	E	S	D	R	B
L	S	A	B	U	L	O	N	M	D	L	T

50 Gweledigaethau
1 Moses **2** Eliseus **3** Gideon **4** Belsassar.

51 Allan o'r Aifft
Mara—Elim—Reffidim—Sinai—Cades   Barnea—Gath—Gwastadedd
Moab—Jericho.

52 Pwy a wnaeth hyn?
1 Delila **2** Moses **3** Jacob **4** Elias.

53 Brenhinoedd
1 Saul **2** Dafydd **3** Babilon **4** Solomon **5** Pharo **6** Persia
7 Brenhines Seba **8** Joseia **9** Samuel **10** Dafydd.

54 Tri chynnig arall
1 Dafydd **2** Cain **3** Samuel **4** Daniel **5** Samson **6** Aaron
7 Absalom **8** Eliseus.

55 Merched y Beibl
1 Efa **2** Lot **3** Gwraig Potiffar **4** Merch Pharo **5** Fe gyflwynodd hi Samuel i'r Arglwydd am iddo ateb ei gweddi a rhoi mab iddi **6** Esther **7** Rachel **8** Naomi **9** Y ddewines o Endor **10** Moses ac Aaron.

56 Gwaith eu dwylo
1 Arch y Cyfamod **2** Twr Babel **3** Y llo aur **4** Arch Noa.

57 Croesair
Ar draws: 1 asyn **4** grawn **6** calon **9** adar.
I lawr: 1 arch **2** ysgol **3** llew **5** adnod **7** arth **8** sêr.

58 Y band
1 Utgorn **2** Telyn **3** Symbalau **4** Ffliwt **5** Tympan.

59 Y Salmau
1 mugail **2** gogoniant **3** ddaear **4** gariad **5** enaid **6** enw **7** babell **8** nerth **9** drygionus **10** mynyddoedd.

60 Enwau
Bethel—tŷ Dduw; Hebron—cymdeithas; Carmel—gwinllan Duw; Seilo—rhoddwr heddwch; Salem—heddwch; Ebeneser—maen y cymorth; Nasareth—blodeuog; Pisga—bryn uchel; Elim—dyffrynnoedd; Libanus—mynydd gwyn.

61 Breuddwydion
1 Pharo **2** Joseff **3** Jacob **4** Pobydd Pharo **5** Distain Pharo.

62 Dau gynnig
1 A 2 A 3 B 4 A 5 B 6 A 7 B 8 B. Sut hwyl gawsoch chi? 16 pwynt: rhagorol. 12—16 pwynt: da iawn. 10—12 pwynt: da. 8—10 pwynt: eithaf da. 6 phwynt: gweddol. O dan 6 phwynt: twt, twt.

63 Ar y dŵr
1 Iorddonen **2** Elias **3** Proffwydi Baal **4** Babilon **5** Mara **6** Coch **7** Y trydydd dydd **8** Iorddonen **9** tawel **10** Roedden nhw'n llepian y dŵr â'u tafod.

64 Cysylltwch
1 Dafydd **2** Jona **3** Moses **4** Ruth.

65 Y Proffwydi

E	W	N	C	O	B	A	D	E	I	A	F
R	A	S	T	Ph	R	J	H	W	Y	M	R
N	P	E	B	A	T	E	A	T	Ch	U	A
W	R	Ff	A	N	S	R	B	M	E	H	C
S	O	A	I	E	W	E	A	I	S	A	A
J	M	N	E	L	I	M	C	A	E	N	E
O	A	E	R	I	E	E	U	G	I	F	S
E	L	I	A	S	S	I	C	G	A	M	O
L	A	A	Ch	E	R	A	A	A	U	I	H
M	Ch	P	E	U	T	W	Ph	H	N	Ch	M
U	I	L	S	S	O	M	A	L	T	A	I
R	M	E	S	E	C	I	E	L	S	R	G

66 Creaduriaid
1 Brenhines Seba   **2** Efa   **3** Samson   **4** Yr Israeliaid yn yr anialwch.

67 Geiriau Eseia
A ddydd   **B** oes   **C** hyd   **Ch** menyn   **D** heddiw   **Dd** y ddaear
E cen   **F** oedd   **Ff** eich   **G** myrdd   **Ng** arwydd   **H** tywysog.
Dyma'r adnod o Lyfr Eseia, 'Mor weddaidd ar y mynyddoedd yw traed y negesydd sy'n cyhoeddi heddwch.'

68 Trem yn ôl
1 Jona   **2** Joseff   **3** Dafydd   **4** Elias   **5** Moses   **6** Noa.

69 Symud ymlaen
Berea   Derbe   Antiochia   Lystra   Rhufain   Athen   Thesalonica Corinth   Effesus   Troas.

70 Dydd y Pentecost
1 Sulgwyn   **2** Ysbryd Glân   **3** Tafodau o dân   **4** Sŵn fel gwynt grymus   **5** Roedd y dorf yn synnu am fod y Disgyblion yn siarad llawer o wahanol ieithoedd   **6** Pedr   **7** Dim ond naw o'r gloch y bore yw hi
8 apostolion   **9** Llyfr yr Actau   **10** Tua thair mil.

71 Y Cristnogion cynnar

W	R	M	P	T	O	A	F	G	Ch	N	E
S	W	Y	L	C	E	Ch	T	D	U	I	U
L	C	R	A	M	N	A	O	I	T	S	T
N	M	O	B	A	L	Y	D	I	A	U	Y
P	A	I	Ff	C	W	C	S	B	B	I	Ch
R	G	E	B	W	D	E	A	S	I	L	U
I	T	N	N	I	F	N	W	D	Th	E	S
S	H	A	R	L	R	S	T	I	A	N	R
C	M	F	S	A	L	I	S	Ch	H	R	E
L	O	L	B	F	C	M	G	H	L	O	F
L	U	A	P	B	G	A	S	P	T	C	Y
A	P	T	I	M	O	Th	E	U	S	G	M

72 Ar y ffordd i Ddamascus

1 Saul **2** Tarsus **3** Steffan **4** Dal y Cristnogion a dod â nhw i Jerwsalem **5** Iesu **6** Goleuni o'r nef **7** Tri diwrnod **8** Ananias **9** Ar ôl cael ei olwg yn ôl **10** Fe'i gollyngwyd i lawr y mur mewn basged.

73 Ble?

Athen—**4**; Jerwsalem—**6**; Lystra—**2**; Melita—**1**; Philipi—**3**; Troas—**5**.

74 Symbolau

Andreas—**1**; Ioan—**2**; Pedr—**3**; Mathew—**4**; Philip—**5**; Iago—**6**; Thomas—**7**; Simon—**8**; Thadeus—**9**; Iago fab Alffeus—**10**; Bartholomeus—**11**.

75 Paul

1 Llong **2** Effesus **3** Silas **4** Timotheus **5** Rufain **6** Dinesydd **7** Elymas **8** wyliadwrus **9** Iconium **10** Syria **11** Iddewon **12** Melita **13** Iesu.

76 Llythyron

Colosiaid Rhufeiniaid Galatiaid Philipiaid Timotheus Titus Philemon Corinthiaid Effesiaid Thesaloniaid Hebreaid.

77 Y Comisiwn

A arth **B** llef **C** ŷch **Ch** deg **D** Wele **Dd** yrfa **E** gewch **F** graig **Ff** ynghyd **G** phoeri **Ng** dieithr.
Ewch i'r holl fyd a phregethwch yr Efengyl i'r Greadigaeth i gyd.

78   Yr Apostolion
1 graig . . . eglwys   **2** Mathias   **3** y dyn cloff   **4** Ethiopia   **5** Tabitha (Dorcas)   **6** Iago   **7** Angel   **8** Ananias a Saffeira   **9** Cornelius **10** Rhufain.

79   Y Cenhedloedd
1 Eidal   **2** Groeg   **3** Twrci   **4** Syria   **5** Malta   **6** Cyprus.

80   Pa iaith?
1 Hebraeg   **2** Groeg   **3** Aramaeg   ★ Dydd y Pentecost.

81   I Gymru
Thomas Charles, Y Bala;   Griffith Jones, Llanddowror;   William Morgan, Llanrhaeadr-ym-Mochnant;   William Salesbury, Llansannan; Peter Williams, Caerfyrddin.

82   Y Beibl Cymraeg
William Salesbury—**C**;   William Morgan—**D**;   Griffith Jones—**A**; Peter Williams—**B**;   Thomas Charles—**Ch**.

84   Pennill
A gelloedd   **B** Ydwyf   **C** Abel   **Ch** mêl   **D** tri   **Dd** nef   **E** byd **F** dwyn   **Ff** drain   **G** bychain.
   Gwell dodrefnyn yn dy lety
   Yw'r Beibl bach na dim a feddi.